El virus de la COVID-19

Grace Hansen
En colaboración con el Dr. Anthony Ritchie

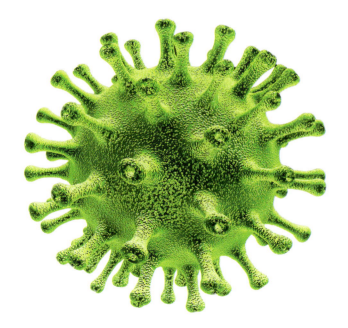

Abdo Kids Jumbo es una subdivisión de Abdo Kids
abdobooks.com

abdobooks.com

Published by Abdo Kids, a division of ABDO, P.O. Box 398166, Minneapolis, Minnesota 55439. Copyright © 2021 by Abdo Consulting Group, Inc. International copyrights reserved in all countries. No part of this book may be reproduced in any form without written permission from the publisher. Abdo Kids Jumbo™ is a trademark and logo of Abdo Kids.

Printed in the United States of America, North Mankato, Minnesota.

102020

012021

Spanish Translator: Maria Puchol

Photo Credits: iStock, Science Source, Shutterstock

Production Contributors: Teddy Borth, Jennie Forsberg, Grace Hansen
Design Contributors: Dorothy Toth, Pakou Moua

Library of Congress Control Number: 2020948013
Publisher's Cataloging-in-Publication Data
Names: Hansen, Grace, author.
Title: El virus de la COVID-19/ by Grace Hansen
Other title: The COVID-19 virus. Spanish
Description: Minneapolis, Minnesota: Abdo Kids, 2021. | Series: El Coronavirus | Includes online resources and index
Identifiers: ISBN 9781098208677 (lib.bdg.) | ISBN 9781098208813 (ebook)
Subjects: LCSH: Coronavirus infections--Juvenile literature. | SARS (Disease)--Juvenile literature. | Virus diseases--Juvenile literature. | Communicable diseases--Juvenile literature. | Communicable diseases--Prevention--Juvenile literature. | Epidemics--Juvenile literature. | Spanish language materials--Juvenile literature.
Classification: DDC 616.2--dc23

Contenido

¿Qué es un virus?.............. 4

¿Qué es el coronavirus? 8

¿Qué es la COVID-19?......... 10

¿Cómo se transmite
la COVID-19?................. 16

Hábitos saludables 20

¡A repasar! 22

Glosario...................... 23

Índice........................ 24

Código Abdo Kids............ 24

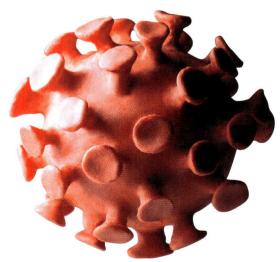

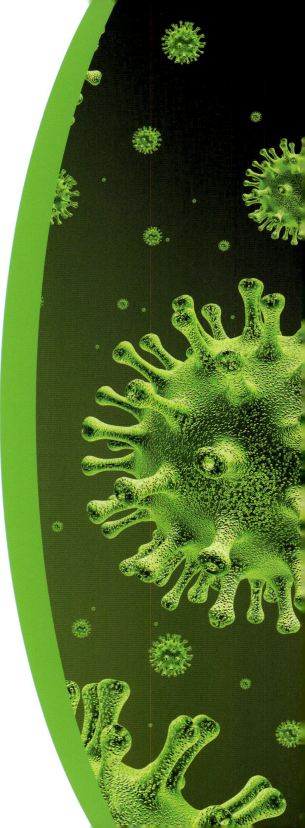

¿Qué es un virus?

Un virus es un diminuto organismo que necesita de un **hospedador** para sobrevivir. Los virus pueden entrar de muchas maneras en el cuerpo.

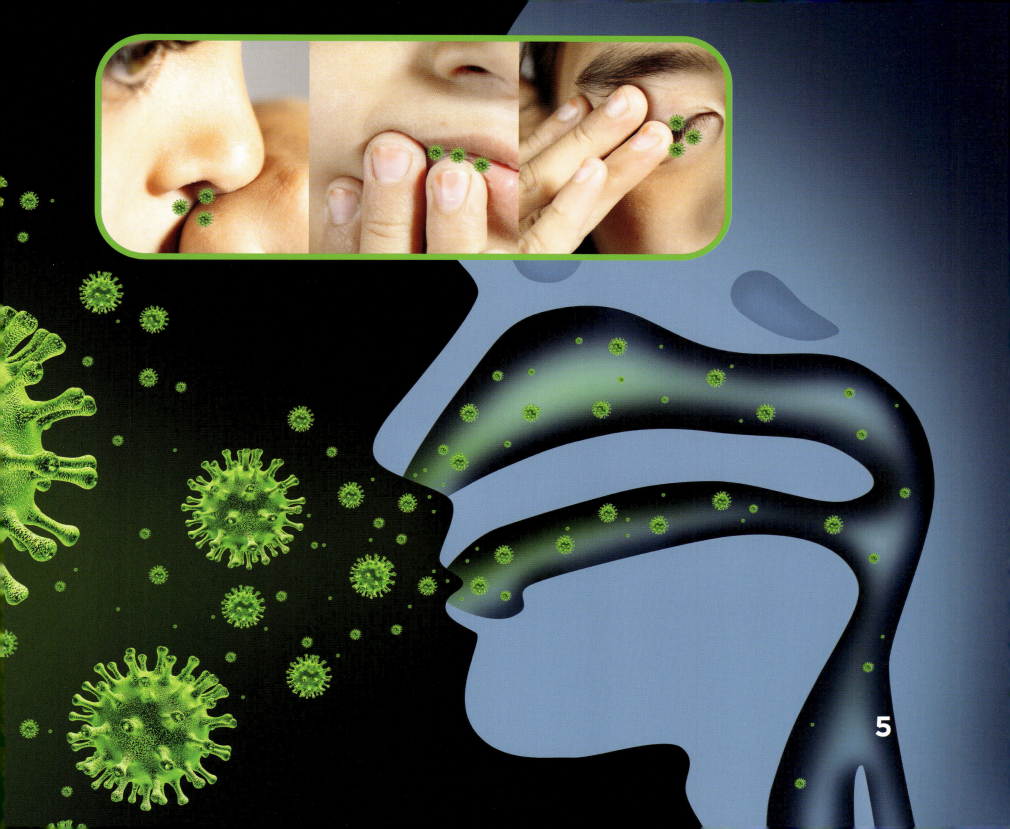

Una vez dentro, los virus se adhieren a una **célula** huésped sana. Utiliza esta célula para crear más virus. Así el virus se multiplica y extiende a más células provocando que el **hospedador** se enferme.

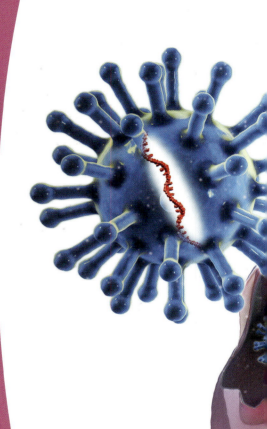

virus

el virus se adhiere a un hospedador

célula

el virus entra en la célula

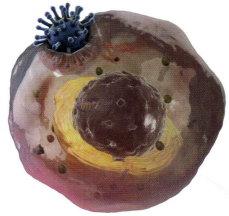

el virus se multiplica y extiende a otras células

el virus crea más virus

¿Qué es el coronavirus?

El **coronavirus** es un tipo de virus. Hay muchos tipos diferentes. La mayoría de los coronavirus causan resfriados, pero otros causan serias enfermedades en las **vías respiratorias inferiores**.

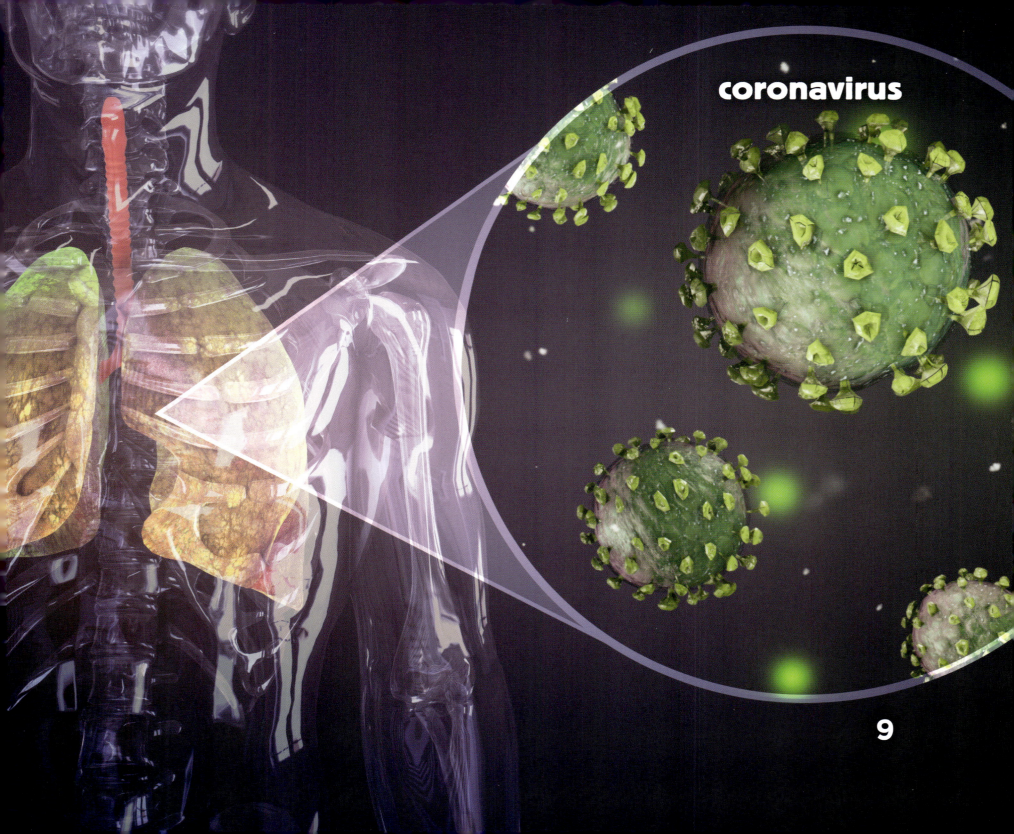

¿Qué es la COVID-19?

COVID-19 es la abreviatura de la enfermedad del coronavirus del 2019. Es una enfermedad causada por el coronavirus llamado SARS-CoV-2. Algunos también lo llaman virus COVID-19.

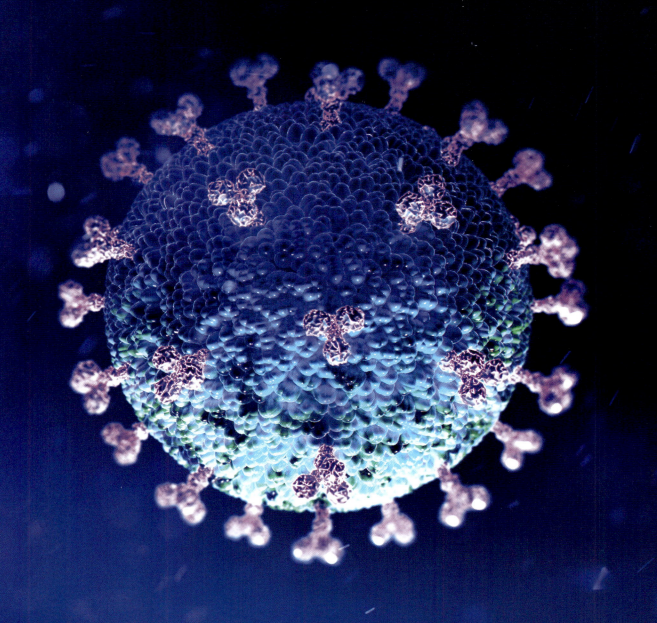

La COVID-19 es una enfermedad en las **vías respiratorias inferiores**. Ataca a los pulmones. Mucha gente empieza con una tos seca y fiebre, entre otros síntomas. Otros enfermos más graves pueden llegar a necesitar ayuda para respirar.

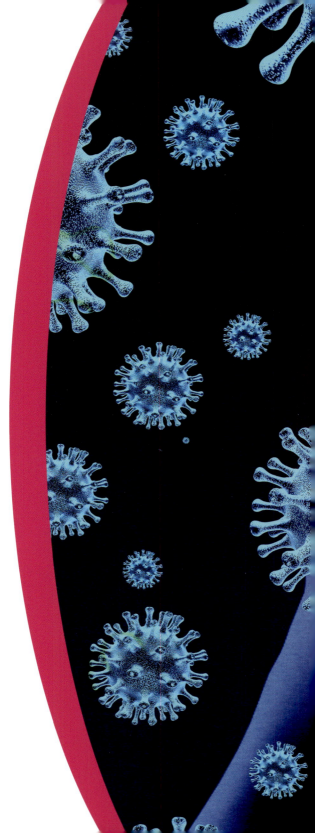

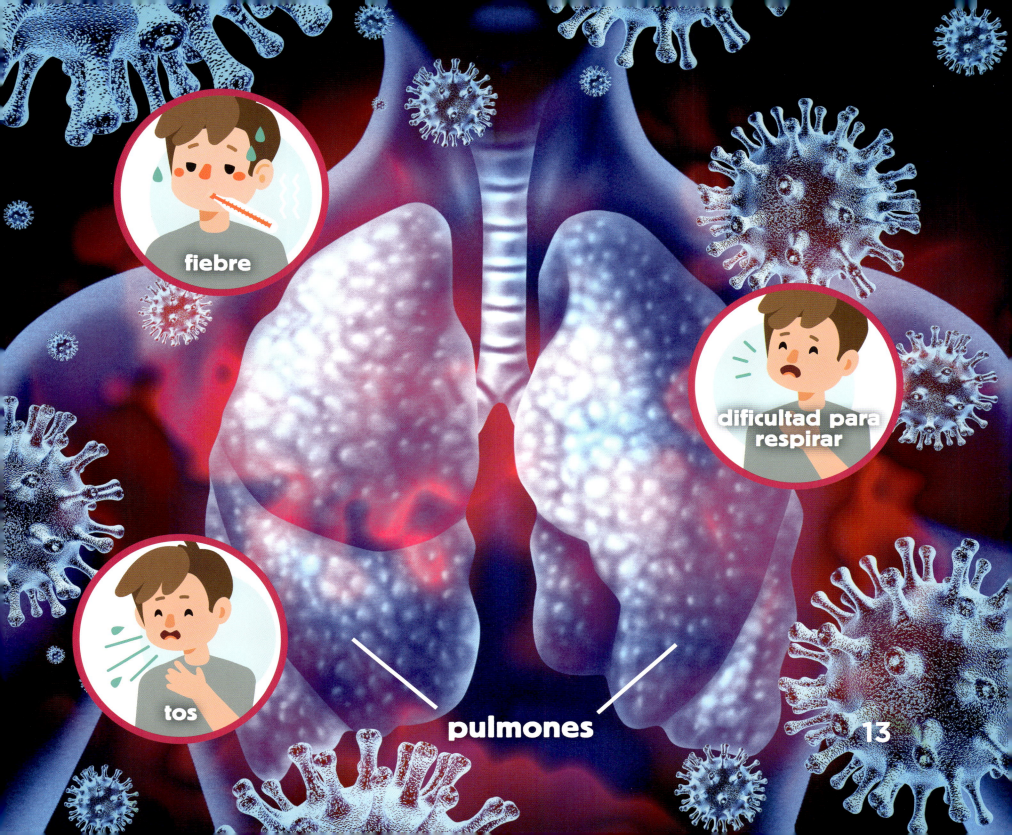

Los primeros casos de COVID-19 aparecieron en Wuhan, China, a finales de 2019. Los científicos creen que el virus pasó de un animal a los humanos. De ahí se extendió a millones de personas en muchos países.

¿Cómo se transmite la COVID-19?

Los humanos no tenemos **inmunidad** contra el virus de la COVID-19. Se transmite muy fácilmente de persona a persona. Principalmente se contagia a través de pequeñas **gotitas**.

Cuando los enfermos tosen y estornudan, expulsan **gotitas** en el aire. Estas gotitas caen en las superficies cercanas, sobre la gente o también pueden ser inhaladas por los pulmones.

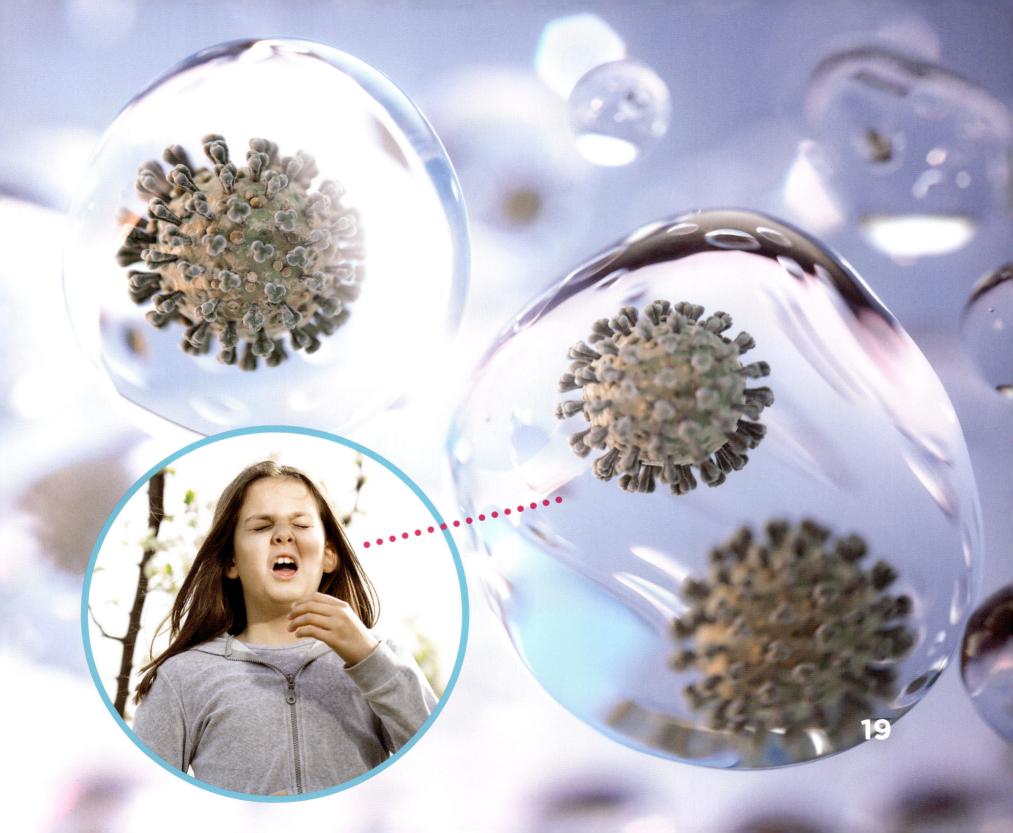

19

Hábitos saludables

Taparse la boca al toser o estornudar. No acercarse a la gente contagiada. Lavarse las manos bien y con frecuencia, ¡y no olvidarse de usar jabón!

21

¡A repasar!

- Los virus son diminutos organismos que nos causan enfermedades.
- Los virus entran en el cuerpo por orificios como la nariz, la boca o los ojos.
- El **coronavirus** es un tipo de virus. Hay muchos tipos de coronavirus.
- El **SARS-CoV-2** es el coronavirus que causa la enfermedad COVID-19.
- El SARS-CoV-2 se transmite o contagia fácilmente de persona a persona.
- Es importante no acercarse a la gente contagiada, no tocarse la cara y lavarse las manos con frecuencia.

Glosario

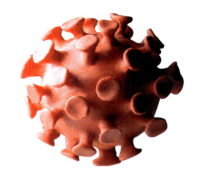

célula – componente básico de los organismos vivos. Los humanos están compuestos de 100 billones de células.

coronavirus – virus causante de enfermedades. La mayoría de los coronavirus causan enfermedades en los humanos, por ejemplo los resfriados comunes. Otros provocan enfermedades más serias.

gotita – porción muy pequeña de un líquido.

hospedador – organismo que al acoger a un parásito o virus se convierte en su refugio y en su alimento, además de ayudarle en otras necesidades básicas.

inmunidad – habilidad del cuerpo humano para combatir virus con la acción de los anticuerpos.

SARS-CoV-2 – abreviatura en inglés para coronavirus del síndrome respiratorio agudo grave de tipo 2. Cepa del virus que causa la enfermedad COVID-19.

vías respiratorias inferiores – tracto respiratorio bajo, incluye la tráquea, los pulmones, además de otras partes del cuerpo.

Índice

cientificos 14

contagio 14, 16, 18

coronavirus 8, 10

COVID-19 (enfermedad) 10, 12, 14, 16

gotitas 16, 18

inmunidad 16

prevención 20

SARS-CoV-2 (virus) 10, 14, 16

síntomas 12, 18, 20

virus 4, 6, 8

Wuhan, China 14

¡Visita nuestra página **abdokids.com** para tener acceso a juegos, manualidades, videos y mucho más!

Los recursos de internet están en inglés.

Usa este código Abdo Kids

TTK5508

¡o escanea este código QR!